JN437485

정적의 끝에는 흔들림이 있다

금미자 시집

산과들

- 경북 청송 출생
- 대구 영남대학교 졸업
- 제1회 부천 여성백일장 장원
- 제2회 부천 신인문학상 시 부문 당선
- 제11회 수주 문학상 우수상 수상
- 부천작가회원, 복사골문학회 수주 시동인
- 수주문학상 운영위원
- 현재 부천시인협회회장
- 시집- 부천, 그대안의 플랫폼(2006)

머 리 글

사람과 사람사이에서

그동안 조용히 지냈다. 주위 사람들에게는 무관심하게 나 자신만을 생각하며 살았다. 얼마 전 지인의 슬픈 소식을 듣고 조금씩 달라지고 있다.

내 시는 수학도 과학도 문법도 아니다. 그저, 내 생각에 글이라는 옷을 입혀 편안하고 자유롭게 쓴 것이다. 이런 내 시가 배고픈 어느 누군가에게 한 그릇의 밥이 될 수 있기를 희망하며, 그럴 수만 있다면 나는 계속 시를 쓰고 싶다.

정적의 끝은 흔들림이다. 이제부터 나는 흔들릴 것이다. 모든 일에 관심을 갖고, 많이 웃고 떠들며 더 많은 사람들과 만나고 싶다. 사람과 사람 사이에서 상처도 받고 그 상처를 사람에게서 치유 받고 싶다.

시집 출간을 위해 처음부터 끝가지 수고해 주신 구자룡 선생님과 시평을 써주신 최현규 교수님, 교정을 봐 주신 안금자 선생님께 감사드리며 복사골문학회 문우님들, 부천시인협회 회원님께도 고마운 마음을 전한다.

2017년 8월

금 미 자

1부 부천역

2부 만 찬

3부 인연 다스리기

4부 달에 관한 기억

해설 금미자 시인의 시세계

제 1부

부천역

부천역 36

자유시장 어귀에서 만난 할머니의 마른 손에는
밀가루 한 봉지와 몇 줄기의 파와 애호박 한 개
- 오늘 저녁엔 수제비나 떠 먹을라구
핏기 없는 얼굴엔 골이 깊다
어미 치맛자락에서 놀던 오남매는 여적 소식이 없고

할머니 굽은 등을 돌아 나온 꽃샘바람이
내 가슴을 휘돌아 나갔다

부천역 37

어디로 갈까
미리내 마을에서 복개천을 지나
중앙극장 쯤에서
갑자기 갈 길을 잃었다

쇼윈도마다 석고상처럼 매끈한
마네킹들의 영혼 잃은 웃음
길 건너 3류 극장
동시상영 극장 간판 그림엔
청바지 지퍼를 반쯤내린 남자배우와
엉덩이 허옇게 내놓은 여배우가 아찔하다

부천대학 입구
폭신폭신한 길을 걸으면
부딪히는 어깨마다 생생한 젊은 세포들이 날아와
잠깐 나이를 잊고 시끌벅적한 주점들을 기웃거린다

북부역 단위농협 옆 헌 책방에선
매캐한 시간들이 부스스 기지개를 켜고
타임머신을 타고 온 가난한 시인들의
가벼운 주머니를 힐끗거린다

역곡 가는길, 중동역, 시민회관, 원미동
북부역 사거리 이정표엔 많은 곳이 있지만
습관처럼 다시 온 이곳
아침에 길 떠난 그들의 안부가 궁금하다.

부천역 38

파초, 친구, 환희, 꽃님, 동행, 오빠, 장미, 연인, 왜 그럴까 모두들 출입구만 있고 창문이 없다. 도대체 안에선 무슨 일이 있을까. 매일 매일 서성이다가 오늘은 용기 내어 무거운 문을 열었다. 매캐한 연기 속에 빛바랜 유행가가 흐르고 있다. 빼꼼이 얼굴 내미는 여자, 얼굴이 참 곱다. 주문 없이 내어온 맥주 두 병에 마른안주가 테이블 위에 올랐다. 습관처럼 여자가 맥주를 건넨다. 술을 잘 못하는 내가 연거푸 두 잔을 마셨다. 지구는 둥글다. 지구는 돈다는 것을 처음으로 체험하며 어지럼증에 그 여자 옆으로 미끄러졌다. 일곱 살 때 꽃상여 타고 간 엄마, 그 여자에게서 내 엄마의 냄새가 난다. 그리워서 환장할 것 같은 코티 분 향기, 밖으로 뛰쳐나왔다.

장맛비는 여전히 내리고 있었다.

부천역 39

그녀를 가끔씩 볼 수 있다는 건 다행일까 불행일까. 셔츠도 치마도 양말도 신발도 외투도 머리핀도 손톱도 립스틱도 분신처럼 끌고 다니는 여행용 가방도. 머리에서 발끝까지 온통 빨간색이다. 부천역 주변을 벗어나지 않고, 대형마트가 그녀의 거실이며 쉼터다. 계단에서도 식품코너에서도 늘 초점 잃은 눈으로 누군가에게 말을 건넨다. 사람들은 그녀를 모른 척 피해 다닌다. 어쩌나, 오늘 퇴근길 그녀의 눈과 마주쳤다. 온갖 빨간 원색의 욕설이 대형마트와 역사驛舍 구석구석 오물이 되어 뒹굴었다. 충혈된 그녀의 눈과 맞서는 순간, 내 눈에서 붉은 눈물이 흘러내렸다. 오늘, 뒤엉킨 가슴 열어 처연한 이름 하나 저장한다. '레드 맘' 그녀의 이름이다.

부천역 40

차 한 잔 마실 사람, 밥 같이 먹을 사람, 카톡을 터치해도 메일을 클릭해도 수첩속의 이름들은 종일 내리는 장맛비속에 모두들 숨어버렸다. 날궂이나 해볼까. 눈앞에 보이는 노래방으로 들어갔다. 먼 옛날 친구들과 이불 속에 발을 넣고 불렀던 유행가와 여름밤 냇가에서 부르던 추억을 불러 모아 발라드며 블루스, 탱고, 그 틈 사이로 첫사랑도 옆에 앉았다. 혼자서 부르는 노래, 혼자서 추는 춤은 즐겁고 편안하다. 마지막으로 윤복희의 '여러분'이라는 노래를 부르고 노래방 발코니에 앉아 빗물 가득한 두 눈을 껌벅이며 LED 불빛 찬란한 역 광장을 향해 나직하게 소리쳤다. '여러분~' 빗속의 여러분은 저마다 우산을 하나씩 받쳐 들고 불빛 등진 채 어둠 속으로 사라졌다. 마른 가슴에 비는 세차게 들이치고 아직도 여러분은 대답이 없는데.

도시인 5

의미가 있는 모든 것은
사랑의 부산물
순리대로 맺는 진리를
왜 몰랐을까.

탐스런 열매에 군침을 흘리며
열매 속에 담긴 사랑을 보지 못하고
힘겨운 노동으로 밭을 갈고 씨 뿌리지만
그 속에 담아야할 사랑을
나는 왜 몰랐을까.

도시인 6

이 끈끈한 잡념의 늪에서
나를 끌어내는 일
아무런 말도 이 순간을 설명할 수 없다
기껏 할 수 있다면
다 죽어 가는 진실을 상상하여
또 다른 진실을 죽여 가는 일

지금
이 더러운 인습의 질긴 끈은
나를
천 길 낭떠러지로 잡아끄는데
언제까지
왜?

도시인 7

잔인한 시절
언어는 제 의미를 버리고
거짓된 외양의 철저한 노예로 전락하고
어느 것 하나
분연히 맞서 겨룰 여력이 없는 시절

저 함성
저 통곡 소리에 묻혀 내 노래는
사실의 문턱에 서기도 전에
처참하게 밟히고 깨져
행인의 발밑에서
흔적도 없이 뭉개지고 말았다.

도시인 8

일상에서 눈을 감고 뜨는 일
하찮고 작은 행동 하나하나가
바로 내가 갈구하던 파라다이스
거기 그 안에
나를 반기는 상태로
상존하고 있는
그것을 두고
나는 여태
무엇을 구하려고
헤매고 있을까.

도시인 9

실체가 아닌 허상
무엇을 목표로 달려가는가
그 허상으로 해서 우리의 삶은
불빛으로 날아드는
불나방.

오늘도 그렇게 불은 켜지고
허둥대며 그 대열에서
한 뼘이라도 앞서 가려는
가엾은
형광 벌레들.

기억 저편

수면장애,
밤마다 짐을 꾸린다
켜켜이 쌓인 기억도
낯설고 어설픈 현주소
새로운 정보는 입력되지 않고
한 달 전 같은,
아니 어제 같은 기억

매일 노래하던 채송화 가득한 마당
고향집 철 대문을 피멍이 들도록 두드린다
따스한 기억은 솜사탕처럼 겹겹이 감기는데
녹슨 대문은 왜 이리 낯설까

편안하고 따사로운 안부
지워져가고 있는 기억 속에
가슴 떨리던 약속
접시꽃처럼 둥글게 웃는다

잠깐의 낮잠 속에서도
불안하다 어디론가
어디론가 가야한다
생경한 이곳 뿌리치고
손때 고운 시간 속으로.

아침 소묘

잠시 쉬어가고 싶어
산 아래 밭둑에 차를 세운다
길 섶 황토밭엔
까치 한 마리 무언가 열심히 쪼다가
타원을 그리며 날고 있다
그 아래 까투리 한 마리
톡 톡 톡
붉은 부리로 세상과 소통한다
안개 걷히지 않은 희뿌연 아침
차창 밖 살아있는 저들은
정물처럼 앉아있는 나를 무어라 여길까

아직은 살아있는 자연의 한 부분이란 걸
그들은 알까.

꽃샘바람

꽃눈이 밤새 내렸네
벚꽃 설레는 가지마다
흔들리며 꽃눈으로 내렸네

차가운 입맞춤에도 꽃은 피고
등 돌린 가슴으로도 사랑은 낳는가봐

바람 머무는 모퉁이마다
꽃눈,
이슬 달고 배웅하네.

켕기는 날

이웃집 꽃밭에서
장미 훔치던 날
달빛
구름 뒤로 숨었지

내 가슴에
너를 들여 놓던 날
그 옛날 훔쳐 온 장미
고개 떨구며 시들어가던 기억

왜
하필
지금 생각이 날까.

흔적

각질인줄 알았네
살피듬 가렵다며
손톱으로 긁은 자리
붉은 자국으로 남았네

대답하지 않는
내 안의 나

까치밥

마음 한 켠
빠알갛게
걸어두고 갑니다

무서리 새침한
아침
사립문 열고
나오실
당신을 그리면서.

꿈길

어디에도 기대설 곳 없다 싶을 때, 사람 알레르기에 온 몸이 재채기로 시달리는 날, 실눈 감은 사이 찾아 간 고향. 바람에 씻겨 진 바위 얼굴은 선이 더욱 유연해져 무던한 아버지의 품이다. 지평선 선마다 연보랏빛 곡선이 끝도 없이 남실거리고 거울처럼 되비치는 여울 따라 수달래 애닯은 목례를 한다. 기억 속으로 숨어버린 이름들. 오늘 다시 뜨거움으로 돌아와 이곳저곳 더듬는다. 그대 손잡으면 그 떨림만큼 뜨거워지던 체온. 한발 한발 내딛는 발자욱이 불그레한 수달래 꽃물에 젖는다. 눈가 잔주름 따라간 시간의 스크린, 어느 것은 예쁘고 때론 징검다리에 걸려 젖기도 한다. 숨차게 이어지는 지금까지의 일들, 실눈 사이로 겹쳐진다. 이제는 아무런 말도 할 수가 없어. 고향 언덕엔 언제나 꽃다지며 냉이꽃이 피어있었다. 다시는 안길 수 없을 것 같았던 풀빛 바람이 베개 속으로 찾아와 자분자분 이야기를 풀어낸다.

제 2부

만찬

만찬 1

뽀얀 속살 갈아
진한 국물 만들고
풀리지 않은 번민의 실타래
당신 그릇에 풍덩 빠져 허우적거릴 때

그러는 저를 보시고
당신도 타인처럼
그냥 콩국수라 부르시렵니까?

만찬 2

타닥타닥 보릿짚 타는 소리에 눈을 뜬다
하얗게 익어가는 밥 냄새
금방 따 온 오이엔 투명한 수액이 맺혀있다
암탉이 울 때마다 모아두었던 계란을 깨트려
부추 송송 다져넣은 야들야들한 계란찜
둠벙둠벙 썬 오이에 고춧가루와
부추 양념으로 버무린 싱싱한 오이무침
풋고추 다져 고명을 얹고 중탕으로 찐 자반고등어
윤기 흐르는 쌀밥에 시원한 미역국
오늘따라 유난히 봉긋한 밥그릇
한 숟갈씩 떠서 식구들의 그릇에 나눈다
피를 나누는 무언의 의식이다

맨살 드러난 감자를 동글납작하게 썰어
밀가루를 묻혀 검은깨를 뿌린 후 베보자기에 찐다
즉석 감자버무리
떡 시루에
친구들이 동그랗게 앉았다
쫀득한 밀가루 옷을 베물면
파근한 감자 분이 사르르 녹는다

밀가루에 날콩가루를 섞어 반죽을 한다
안반에 홍두께로 반죽을 민다
반죽이 두리상만큼 넓어질 무렵
흩어졌던 친구들 다시모여 멍석을 깐다
시원한 멸치국물에 국수를 풀고
담장 위 애호박 하나 따서 굵게 채 썰어 넣으면
콩 칼국수 후루룩 소리를 낸다

쑥 향기 가득 모깃불 피워놓고
뒤뜰 담장 밑 주먹만한 자두 하나씩 입에 물고
멍석 위에 눕는다

초롱초롱 별이 뜬다
열여섯 생일을 마감하는 만찬이다.

만찬 3

장마가 끝나고 동구 냇가에는 마을 처녀 총각들이 모였다. 약속은 없었지만 해마다 이맘때, 초복이 다가올 무렵 누가 먼저랄 것 없이 그저 오가는 눈짓으로 가마솥이며 양푼, 쌀이며 양념을 이고 한쪽이 닳은 놋숟갈도 챙긴다. 힘 좋은 총각들은 흙다리 밑에 가마솥을 걸고 손속 있는 청년들은 그물을 챙겨 냇가 풀숲에서 고기를 잡는다. 이마 까맣게 탄 처녀들 속옷 고무줄에 치마를 말아 넣고 허연 허벅지 내놓은 채 다슬기를 줍는다.

가마솥에 맑은 냇물이 끓으면 다슬기를 삶는다. 까만 다슬기의 작은 몸에서 초록빛 국물이 우러나면 다슬기만 건져내고 그 국물에 피라미, 붕어, 꺽지, 미꾸라지, 메기 냇가에 놀던 그것들 놀랄 틈도 없이 펄펄 끓는 물속에서 마지막 몸부림을 친다. 들판에 지천으로 널린 아욱이며 머윗대, 대파, 풋고추 손으로 숭덩숭덩 잘라 넣고 밭둑에 앉아있는 애호박, 주먹으로 우지직 깨트려 넣는다.

속살 드러난 다슬기, 반쯤은 국솥에 몸을 풀고 나머지는 새콤달콤 양념으로 무친다. 걸쭉한 천렵국에 갓 지은 하얀 쌀밥 한 주걱을 푼다. 올망졸망 바위에 앉아 피라미 떼 간질이는 물에 발을 담그고, 첫 순갈을 떠서 냇물에게 먹인다. 속살거리며 몰려드는 송사리 떼와 함께하는 황홀한 밥상, 막걸리 한 순배씩 돌아가면 노란 양은 주전자엔 울퉁불퉁 즐거운 상처가 남는다. 서녘에 단감 빛 노을, 금빛 수평선을 만들면, 차르르 동동동 동그랗게 물수제비가 뜬다. 물과 들과 햇빛이 하나 된 축제, 여름이 준 선물이다.

만찬 4

단오 날이다
해마다 해 먹는 수리취떡을
올해는 무슨 일인지 집안이 조용하다
학교 가는 길목 읍내 방앗간에는
쑥 개떡을 사려는 사람들로 길게 줄을 섰다
침을 꼴깍 삼키며 줄 끝에 서서 기다렸다
해는 중천에 떴고 눈치 빠르게 새치기를 해
쑥 개떡 네 개를 샀다
담임선생님 한 개, 국어선생님 한 개, 짝꿍 한 개, 나
한 개
학교 앞 다리를 건너다가
쫄깃한 쑥의 유혹
에라 모르겠다 먹고나보자

1교시가 벌써 시작되었나보다
교실 뒷문을 열었다
일제히 뒤를 돌아보는 친구들
신문지에 싸여진 쑥 개떡이 놀라 떨어졌다
- 앞으로 나와!
교탁 옆에 꿇어 앉아 수업이 끝날 때까지
쑥 개떡을 물고 있었다
정말 개떡 같은 하루였다

만찬 5

가을비에 젖어 돌아온 저녁
온 몸이 쑤시고 열이 나고
손끝에 힘이 빠져 아무것도 할 수 없다
오늘 같은 날은
고향친구 옥이 엄마가 끓여주시던
털레기 국수가 생각난다

양은 냄비 가득 물을 붓고
멸치가 실컷 몸 풀었다 싶을 때
묵은지 잘게 썰어 푹 끓이다가
넣고 싶은 야채 다 털어 넣고
마른 국수를 휙~ 부채 모양으로 풀어
면발 쫄깃해지면
대파 뭉근하게 익혀준다

보들한 맛 입안에서 녹고
따스한 옛날에 등을 기대면
녹록지 않은 내일도 겁나지 않는다
온 몸에 뜨거운 빗물이 흐르고
열이 내려, 날아 갈 듯 가벼워진 어깨

이렇게 가을비 내리는 날
단발머리 옥이와 마주 앉아
이마 위 뽀얀 세월 걷어내며
털레기 국수를 먹고 싶다

만찬 6

가마니의 벼를 정미소에 가지고 가는 날
반나절 지나 마법처럼 매끈매끈한 쌀알이
부대자루에 가득하지
그날 저녁은 흰죽 끓이는 날

야들한 쌀을 씻어 참기름에 볶다가
샘물 넉넉히 붓고 정성 넣어 저어준다
투명해진 쌀알들 폭닥폭닥 끓으면
장아찌 몇 가지와 오징어젓
속살 뽀얀 흰죽에 참기름 간장 몇 방울 떨어뜨리면
기쁨처럼 번지는 그 맛
30촉 노란 불빛 아래 숟가락 소리 요란하던 저녁

- 쌀이 얼마나 좋은지 알아보려면
흰죽을 써보면 알지

지금도 나는 쌀부대를 뜯는 날이면 흰죽을 쑨다
LED 흰 불빛 아래 한가로이 저녁 드라마를 보며
입안에 퍼지는 넉넉한 하루.

만찬 7

이른 저녁상을 물린 아이들 하나 둘씩 뜨개질 실뭉치를 들고 숙이네 안방으로 모였다. 대바늘에 코를 걸고 한 코 한 코 손놀림이 제법이다. 505털실을 감고 있던 숙이가 우리 화투나 칠까 했다. 솔깃한 제안에 모두가 기다렸다는 듯 반대표 하나 없이 만장일치다. 지는 편이 김장 김치 훔쳐오기다. 울퉁불퉁한 방바닥에 사지 군용 담요를 깔고 착착 짝도 잘 맞춰가는 숙이. 뻔하다, 우리 편이 졌다. 서로의 얼굴만 쳐다보는 무언의 짧은 회의 끝에 누군가 눈으로 나를 가르켰다. 우리 집 김장독을 열라는 뜻이다. 대신 나는 행동에서 빠진다. 소리가 덜 나는 빨간색 뿔 바가지를 들고 친구들이 나가고, 나는 내일 아침 깐깐히 추궁하는 엄마의 얼굴이 그려지는데, 바가지 넘치도록 담아온 김장김치, 숙이네 아랫목에 묻어둔 쌀알 듬성듬성 섞인 보리밥에 손으로 쭉쭉 김치를 찢어 걸쳐먹는 이 꿀맛 같은 겨울밤. 구멍 난 창호지 문밖엔 사그락 사그락 싸락눈이 내리고 담장 밑 숨어있던 바람 댓돌 위에 올라와 문고리를 흔든다.

숨바꼭질

‘꼭꼭 숨어라 머리카락 보인다’
‘꼭꼭 숨어라 옷자락이 보인다’

툇마루 기둥에 기대 두 손으로 눈을 가리고
주문을 외우는 나는 술래입니다
살짝 곁눈질을 해가며
‘무궁화 꽃이 피었습니다’를
열 번이나 큰 소리로 지른 뒤
발소리 나지막이 친구들을 찾습니다

장독 뒤에 숨은 아이
마루 밑에 숨은 아이
뒷간에 숨은 아이
찾을 때마다 서로 소스라치게 놀라기도 하고
자지러지게 소리도 지릅니다

땅거미가 스멀스멀 시간을 재촉하고
친구들은 하나 둘 저녁연기 따라 집으로 갑니다
술래는 아직 찾지 못한 한 아이를 찾으려
어스름 속을 기웃거립니다

사방이 조용해지고 밤이 깊었습니다

기다림에 지쳐 그 아이 집으로 갑니다
아무도, 아무것도 없습니다
지붕위엔 보름달이 노랗다 못해 푸르스름하게 떠 있
고
달무리가 희끄무레 번졌습니다

살다보면 잊혀질 거라 생각 했지요
한가위저녁 숨바꼭질 같은 것은요

속절없이 나를 흔들며
시나브로 가슴 미어지게 하는 그것
그를 찾을 때까지 나는 언제나 술래입니다

40여 년이 지난 삶의 오후
그대라는 이름 앞세워
그 아이 찾으러 고향으로 갑니다.

밥은 먹고 다녀야지

그녀의 글에
처음으로 댓글을 달았다
그대 가장 힘겨울 때
이 짧은 한마디가
위로가 되기를 소망하면서

우시장 옆 소머리국밥 집

5일장 우시장에서 그놈을 건네고
두둑한 주머니속의 손맛이 그리 달지는 않았어
마지막 여물을 먹으며 굵은 눈 속에 습기 가득한
그놈의 눈을 보았을 때 잠시 흔들리기도 했어

뜨끈한 국밥이 내 내장을 데웠어
들판 가득한 무거운 시간들과
천형처럼 내려놓지 못한 멍에의 자국들
혼자 감내해왔던 세월, 나도 알지

질긴 인연만큼 쫄깃한 머리고기를 씹으며
창 너머 텅 빈 우시장 바닥에
축축한 너의 흔적을 보았어
진액처럼 흐르는 이 미안함
뽀얀 국물로 다시 다가와
헛헛한 가슴 채워주는 따뜻한 위로

'오늘 아침 그놈과 눈 마주쳤어'

정적의 끝에는 흔들림이 있다

저녁 샤워를 끝내고 욕실을 나오는 순간
미세한 소리와 눈이 마주쳤다
문을 닫고 스프레이 모기약을 찾아
다시 욕실로 들어갔다
어디로 갔을까
천장에 매달려 있었는데, 금세 보이지 않았다
마구잡이로 모기약을 뿌려놓고
화장실 문을 꼭 닫았다

새벽까지 그놈과 씨름해야 될 날선 시간들과
온몸이 부풀어 오를 가려움을 생각하며
썩 잘했다고 합리화를 시켰다
눈을 감고 잠을 청했지만
온 몸의 세포들은 모두 곤두서
화장실 문을 응시하고 있다
문 안의 안부가 궁금하다

2차 대전, 아우슈비츠 가스실의
숨죽인 아우성과 그들의 절박한 눈빛이
감은 눈 사이로 클로즈업 되었다가 사라진다
문 안의 고요가 두렵다
어둠이 조용조용 다가와 불면을 지키고
벽시계 소리 굉음되어 심장을 짓눌러
손끝하나 움직일 수 없다
가스실에서 죽어가던 소녀의 눈물과
젖을 물린 채 심장이 멎은 아이 엄마의
느릿한 손이 가위눌린 나를 흔들었다

옥죄이던 몇 분 동안의 문 밖의 정적이
욕실 문을 열었다
순간,
까만 점의 물체가 문 밖으로 비상하는 소리에
안도의 한숨이
모기 소리처럼 새어나왔다

어머니의 방

복숭아 향기가 났다
금방이라도 굴러 나올 것 만 같은 향기들
뒤돌아 서 빗장을 채운다
장마 끝나고 흰 고무신이 외출하던 5일장
눅진한 습기 사이로
햇살 닮은 분 냄새가 서성거렸다

부슬부슬 가을비 내리는 날
어둠의 발소리가 빨라지는 저녁
아궁이에 가랑잎 다북히 지펴놓고
방안엔 낙엽 연기 실처럼 풀리는데
오랜 시간 경대 앞에 앉아
은가락지 손에 끼워보고
손수건에 다시 싸서 서랍 깊이 넣어두고
거울 속으로 빠져들었다

무슨 연유일까.
싱거미싱 소리는 겨울밤을 가르고
아침이면 세라복이며 후레아 치마,
레이스 달린 블라우스를 입혀주시던
엄마의 눈은 깊어만 갔다

창포에 머리 감으시고
막내딸 원피스 박음질 할 때
열린 뒤란 들창으로
후르르 쏟아져 들어온 찔레꽃
인조견 속치마 끝 홑버선 코에
선홍빛 날이 선다.

카타르시스 1

빨래를 한다
찌든 하루가 밀려나간다
청소를 한다
바닥을 걸레로 박박 문질러 닦는다
허나 개운치 않다
울컥 비장이 거꾸로 돈다

현관문을 잠그고 오디오를 켠다
미성의 파페라 가수의 주파수에
가슴이 터질 것 같아
맞잡은 손끝이 촉촉하다
시큰한 콧날 따라 정제되지 못한 눈물

TV를 켜고 휴머니즘 다큐멘터리에 눈이 멈췄다
참았던 숨이 어깨를 흔든다
이젠 참지 않고 소리 내어 운다
울음에 속도가 붙어
제어 장치가 풀려 이제 더는 멈출 수 없을 때
촛불을 켠다
촛농처럼 흘러내리는 응어리들

슬몃슬몃 자리한 삶의 더께
끈끈한 찌꺼기들이
눈물에 떠내려간다
온몸이 가볍다
정화된 아침이 말쑥한 얼굴로 걸어온다.

카타르시스 2

소나기 그친 뒤
무지개 떴다
저편 하늘에.

출근길에서

어린이집 앞에서
엄마가
아이 손을 놓으며 말했다
- 그래도 엄마는
햇님나라 구경간 어린이집이 마음이 놓여

아이가
엄마 손을 꼭 잡으며 말했다
- 나는
우리 원감선생님이가 제일 맘에 들어

제 3부

인연 다스리기

인연 다스리기 1

핑크빛 코트에 진흙이 묻었다
급한 마음에 문질러 닦았다
흙물은 더욱 넓게 자리하고
주위까지 번졌다
손수건으로 비벼봤지만
손수건까지 흙물이 배어들었다

기다리자
기다리다가 흙물이 마르면
손으로 살살 비비고 툭툭 털어내면
깨끗이 없어질 것을

어제,
뒷모습 흔들리며 떠난 인연도
그렇게 하면 될 것을.

인연 다스리기 2

외출에서 돌아와 옷을 갈아입는다
스타킹에 올이 트여 속살이 수줍다
돌돌 말아 쓰레기통 속으로 넣으려는 순간
- 아니다
나를 위해 수고한 짧은 인연이 고마워
방바닥에 내려놓는다

오늘 저녁
고운 인연 하나 보내고 왔다
국적불명의 샤브 쌈을 주문하고
착한 배려와 달큼한 인간미에 소스를 뿌려가며
서운함도 함께 삼켰다
꼭꼭 씹고 있던 입술이 떨리고
눈보다 먼저 가슴이 젖는다

그간의 아무렇지도 않았던 시간들
또 다른 인연의 고리를 만들었구나
자릿한 가슴 한 쪽 다스리지 못해
발밑에 놓인 구멍 난 스타킹을 집어 들고
쓰레기통과 세탁실 사이에서
이러지도 저러지도 못하고
작은 인연 끊기에 고심하는 밤

이렇게 착잡하고 아린 마음
눈빛 잔잔한 그녀도 알까.

인연 다스리기 3

어디쯤에서일까
미세한 내 촉수를 떠난 그곳이 어디부터였을까
주머니속의 허전함을 감지하지 못한 둔함을 탓하며
오던 길을 눈으로 되짚어 간다
어떤 인연으로 내게 왔는지는 모르지만
좋은 일보다는 아픈 시간을 함께했던
무거웠던 하루 토닥여 주는 살가운 딸 같았던
꽃무늬 이곳저곳 헤지고 올이 풀린
손때 자잘한 손수건

나태 속에 갇혀있던 알갱이들이 분연히 일어났다
소리 없이 내리는 첫눈 속에 묻혔을까
내 상심보다 더 상처투성이가 된
애달픈 모습 찾지 못해
몇 번이고 역 광장을 서성이다가
소복한 눈 속으로 따뜻한 체온도 함께 보냈다
오래 전, 눈 내리는 인파속으로
그대 보낸 그날처럼.

인연 다스리기 4

오랫동안 즐겨 신던 분홍빛 구두 뒤축엔 앙증맞은 리본이 달려있었다. 편하기도 하지만 섹시한 리본에 반해 기분이 우울하거나 날씨가 흐릴 때에는 그 구두를 즐겨 신었다. 벚꽃 난무하던 날, 하루 종일 돌아다니다가 현관에서 신발을 벗으려는데 한쪽 리본이 보이질 않았다. 짝 잃은 한쪽이 안쓰러워 리본을 다시 달아보려고 이리저리 알아보았다. 구두 수선 아저씨도 절레절레 머리를 흔들었다. 대책이 없다. 신발장에 넣어둔 채 한 계절이 지났다.

가을비 추적거리는 날 우산을 챙기려다 눈에 들어온 분홍빛 구두, 이 짝짝이 신발을 어떻게 할까. 쓰레기통 속으로 버리려는 순간, 남은 한쪽 리본도 없애기로 했다. 예리한 칼끝에 리본과 함께 내 삶 속의 버거운 인연도 잘려나갔다. 가을비 우산 속, 발걸음이 가볍다.

인연 다스리기 5

개수대에 찬물을 세차게 틀어놓고
포도 한 송이를 꺼내 들었다
후두둑
알알이 떨어져 흩어진 포도 알
가시처럼 앙상한 줄기만 손에 남았다
보기엔 싱싱한 알맹이들이
속이 짓물러 곪아 있기도 하고
곪고 곪아 허옇게 곰팡이를 만들고
곰팡이가 굳어 화석이 되었다

무심한 시간 속에
믿는다는 이유로 방치한 순간들과
사랑이라는 이름으로 집요하게 밀착한 흔적들이
결국 지독한 사랑이 상처를 넘어
그대와 나의 형상처럼 남아
어떻게 해야 할지 알고 있지만
지금은 그저
개수대 바닥에 뭉개진 포도 껍질을
만지작거릴 뿐이다.

인연 다스리기 6

슬며시 떠나가네
고개 숙이며 구부정하게 등을 돌리고
죄 지은 것처럼 눈치 살피며

수은주 빨갛게 올려놓고
온몸에 달라붙던 습기와
어깨 짓누르던 불쾌지수
잠 못 이루는 밤을 보내며
어서 지나 갔으면 했지

그것들이 거짓말처럼 건너가고
오늘 떠나는 여름의 뒷모습 보았네
미안하다
미안하다 했네

미운사람 보내다가 뒷모습 본 그날처럼
홱 돌아서서 올 수 없었네
어서 가라고 재촉할 수 없었네
뒷모습, 그 묘한 애증愛憎.

인연 다스리기 7

설거지를 하려고 수돗물을 튼다
아무런 반응 없는 수도꼭지
습관처럼 다시 수도 레버를 올린다
물은 한 방울도 떨어지지 않고 바람 새는 소리만 난
다
욕실에도 다용도실에도
물은 약속이나 한 듯이 등을 돌린 채 파업중이다

시청 민원실에 전화를 걸었다
한참 만에 안내 메시지가 나왔다
번지 일대에 제수변 공사가 있어
오후 다섯 시까지 수도 공급이 안 된다고 했다
멍하다
사물이 움직이지 않는다
세상이 모두 멈췄다

당연한 것이 당연하지 않을 때
늘 그 자리에 있었던 것이 보이지 않을 때
존재의 가치를 부재를 통해서야 알 수 있는
어리석음을 등 뒤로 감추며
나를 향한 그대 마음
오늘처럼 예고 없이
뚝 끊기는 상상

물이 나온다는 오후 다섯 시를 기다리며
오늘 초침 소리 참 길고 멀다

인연 다스리기 8

오늘 아침
식탁위에 물기가 번져있다
행주로 물기를 닦으려 컵을 옮긴다
컵이 움직일 때마다 투명한 물 그림이 번진다
내가 가장 좋아하던 머그컵에 살짝 금이 가 있다.

아침마다 물을 마시게 해 주고
몸살에 불덩이 같던 날 위해 약을 먹여 주고
나른한 오후 커피와 음료수를 건네 주고
불면의 밤 머리맡을 조용히 지켜주던
내 입술 한 번도 거부하지 않고
늘 손닿는 곳에서 기다리던 달달한 머그컵

며칠 전 식탁보 귀퉁이가 젖어있을 때
무심한 나를 보고 얼마나 속울음 울었을까
그 눈물이 흘러 식탁보를 적시고
식탁 유리 흥건히 적신 까닭을
왜 이제야 알았을까

한참동안 머그잔을 들여다보다가
가슴 한 쪽이 베인 듯 금이 갈 때
미안하다, 사과하며 윤기 나게 닦아서
장식장 한가운데 곱게 앉혀 두었다.

인연 다스리기 9

어쩌나
내 곁에 앉았던 모든 것이
저마다 한 귀퉁이씩 헤지고 무너진 채로
바쁜 듯 떠날 채비를 하네
이제 나는 떠나는 것들을
배웅할 생각도 붙잡을 기력도 없이
그저 바라보기만 하네

떠나가네
아침에 피었던 찔레꽃 향기도
담장 아래 붓꽃 잎 나비의 팔랑거림도
이슬 내리듯 바람이 불 듯 오고 가네
사진첩속의 얼굴들 하나 둘 빛을 잃고
시간이 어둠을 부르네

그렇더라도 우리
흐르는 대로 흐르자 했네
붙잡지 말자 했네
놓는 것이 사랑이라 했네

빈 둥지 증후군

현관문을 연다
이방 저방 문을 열어본다
아무도 없다
삐죽 열린 딸 아이 방에선
베이비로션 향기가 배시시 기어나온다
물봉숭아 같았던, 만지면 사라질 것 같아
조심조심 안아주었던 아가가
머루알 같은 눈 초침 따라 깜빡이더니
첫 달거리 하던 날
그분이 오셨다며 축하케익 사달라던 소녀가
어느 날 언어연수 간다며
청바지에 티셔츠 몇 장 챙겨 나성으로 가더니
파란 눈의 남자가 아빠보다 좋다며
가끔 걸려오는 전화엔 된장찌개와 김치의 촉촉한 안부를 묻는다

굳게 닫힌 큰아들 방문엔
검은 무쇠 자물쇠가 입을 다물고 있다
용기를 내어 방문을 연다
또 하나의 벽이 버티고 섰다

유난히도 고집이 센, 그 고집 때문에
서로에게
매듭, 매듭, 매듭만 남기고
카메라 한 대 어깨에 메고
뉴질랜드 푸른 초원위에 벌러덩 누워버린
허우대 멀쩡한 내 자슥 -

애교가 많아 자분자분 이야기도 잘하던
뽀얀 피부 계집애 같던 막내 녀석
남자에게 처음으로 받아본 생일 꽃다발에
내 가슴 분분케 하더니만
코 밑 수염이 거뭇거뭇 난다고 자랑이더니
군 입대 소집명령에 베개머리 흠뻑 적셔놓고
진짜사나이 되어 돌아오겠다며
씩씩하게 떠나던 뒷모습
그림자 흔들리는 이유를 에미는 알지
문틈으로 비치는 오후
늦은 잠에서 깨어나 와락 안겨올 것 같은 기쁜 상상
주인 없는 빈방 지키는 햇살 하나 목에 걸려
마른기침을 한다

골프여행 떠난
이제 더 멋질 것도 매력도 없는 나의 남자
아침에 걸려온 국제전화엔
사업상 한 보름은 더 있어야 될 것 같다며
업무용 팩스처럼 빠르게 끊겼다

넓은 거실에서 이방 저방 문만 응시하다가
주방으로 들어가
냄비며 그릇을 들었다가 놓았다가
죄 없는 냉장고 문을 열었다가 닫았다가
휑하니 빈 거실만 서성이다가
누군가 돌아와 현관문을 여는 환청
방해자 없는 이 고요한 자유가 무서워
주방 옆 쪽방 구석에 옹크려
수건이며 옷가지로 겹겹이 몸을 감싼다.

마지막 병실에서

가슴속으로 연결된 호스 달고
온몸 그리움으로 앓아
쇠잔한 몸 침상에 누워
죽음 앞에서, 이제야 삶이 보인다
살아있는 모든 것 날개 달고
날아보라며 재촉하지만
꼼짝도 못하는 나를 의식하며 살아있음을 느낀다
누군가 두고 간 시집 한 권
머리맡 조용히 지키고 있다

빛 속에선 빛이 보이지 않듯
어둠속에서도 어둠에 대하여 말할 수 없다
앗아가지 못한 내 어두움을 위하여 기도한다
눈 아래 중앙공원 나뭇가지 스치며 부는 바람과
돌 틈 사이 피어난 제비꽃 하나
솜사탕은 여전히 나풀거리고
아직 나는 살아있는데
분수대 햇살 되비치는 창가에는
흐릿한 그리움 창문에 어리다 지고

오늘 아침 해
병실 깊게 밀려들고

언젠가 닿을 곳
꿈처럼 이어지는 좁은 길
또 다른 새벽 맞으러 가는 그곳
바람으로 다시 살아나기 위하여
서럽도록 고운 길 하나 열려 있다.

노숙자의 죽음

신도시 공터,
어떤 이는 텃밭을 가꾸고
어떤 이는 주차장을 만들고
어떤 이는 한 평도 못되는 움막을 짓지

봄이면 길 건너 시유지에
노란 유채꽃 흐드러지게 피고
'영세민 1종' 명패를 문신처럼 가슴에 새긴 사람들
취로사업 명분으로 유채 꽃씨를 턴다.
늦여름 보름달빛 속으로
메밀꽃 뽀얗게 소금 꽃으로 필 때
행복한 웃음 속에 찝찔한 내 눈물
굵은 소금으로 남았다.

며칠 전 뒷집 성당에선 바자회가 열리고
그날 밤, 검은 셔츠 로만칼라의 젊은 신부가
먹을 것이며 입을 것을 챙겨 왔지요
주일이면 교회마다 찬송가 소리 드높지만
사람들 얼굴빛은 초조해졌습니다.
밤마다 십자가는 붉은 피를 토하고

아침이 와도 걷히지 않는 붉으레한 안개
이제, 길을 잃었다.

서둘러 집으로 돌아가는 시간
홀로 지킨 움막,
멈춘 시간 뒤로
라면봉지 삐죽이 고개 들고
주검 감싼 경기미 쌀부대 위에
이 슬픔 덮고 싶은 어둠이 내려앉는다
살아서는 들어보지 못한
숨 가쁘게 달려오는 앰뷸런스 소리.

세상의 모든 딸들

시집가기 전날 밤
베개 들고 어머니 방에 갔습니다
선잠 든 어머니의 젖가슴을 장난처럼 만져 보았습니다
꽃이 피고 나비의 날개가 숨을 멈추던
강물로 흘러 평온으로 찰랑이는 바다
복숭아 빛 가슴위로 시간의 태엽이
느슨하게 풀어지고
오늘 내 손에 남은 어머니의 가슴은
거센 파도 지키다 시커멓게 멍이 든
구멍 숭숭 뚫린
퍽퍽하고 물기 없는 바위로 남아
한 덩이 검은 현무암으로 누웠습니다

불면의 밤 뒤척인 아침
세월의 흔적 깨끗이 씻으시고
분단장 곱게 하고
말갛게 웃으시며 하객들 맞으시겠지요

제발 예식이 끝날 때 까지만은
화사한 한복 치마 말기에 꽁꽁 묶어둔
검게 탄 젖가슴이 보이지 않기를
간절히
간절히 기도합니다

지독한 사랑

그녀를 만난 건 지난 여름 이었습니다. 비탈길에 있던 나에게 덥석 손 내민 것도 그녀였습니다. 그림 같은 집 앞마당 화단, 가장 예쁜 화분에 나를 앉혔습니다. 꽃도 아니고 더군다나 값비싼 난도 아닌, 그저 밭둑이나 길섶 아무데서나 흔히 보이는 잎이 통통한 돌나물 입니다. 그 어떤 꽃보다 먼저 물을 주었고, 예쁘다, 사랑스럽다는 말도 제일 많이 했습니다. 그녀의 사랑에 나는 흠뻑 젖었습니다.

가을이 가고 서리가 내릴 무렵, 그녀는 제일 먼저 나를 집안으로 데려갔습니다. 화장실 선반에 자리를 마련해주고, 추우면 안 되지 따뜻하게 해줄게 라는 말에 마음까지 사르르 녹았습니다. 성탄절이 지나고 새해가 왔습니다.

날이 갈수록 온몸에 힘이 빠지고 몸은 야위어갔습니다. 가끔 화장실에 들르는 그녀는, 물기가 없네, 힘들었겠구나 하면서 물을 듬뿍 주고는 봄이 올 때까지 조금만 기다려 추우면 안 되지 문을 꼭 닫아야지.

숨이 막힐 것 같던 그때, 캄캄한 공간 창틈 사이로 빛이 보였습니다. 실낱같은 희망의 빛이었습니다. 그 빛이 나를 살려 줄 거라 믿었어요. 아침마다 작은 빛이 나를 깨워주었고 나는 그 빛을 따라 고개를 길게 내밀었지요. 시간이 지나면서 내 몸은 실처럼 말라갔고 길어진 내 목은 빛을 사랑한 만큼의 각도로 가늘게 구부러져 있었습니다. 이제 뿌리마져 흔들리고 낭창거리는 내 몸을 가눌 수가 없습니다.

전철에서 1

스크린 도어가 열리는 순간
이곳은 아귀계(餓鬼界)다
입은 헤벌쭉 허공을 향하고
귀는 이어폰으로 꽉 막아 놓고
거기에다 눈까지 벌겋게 초점을 잃었다

어느 별에서 쫓겨난 이방인들일까
낯설다
철 가면을 쓴 비슷한 얼굴,
로봇 같은 뒷모습들
어디까지 가느냐고 툭 치며 말 걸어 보고 싶지만
섣불리 건드렸다가 떨그렁 양철소리에 놀라
예민한 전동차 오작동 할 것 같아
오늘도 내려야 할 역을 까맣게 잊어 버려
뒷머리 살짝 쳐 보았지만
깡통소리 요란할 뿐

그래,
오늘은 도중하차다

전철에서 2

손바닥만 한 그것에
얼이 빠지고 혼이 빠졌다
허여멀건 좀비의 눈이 되었다가
시뻘건 흡혈귀의 입이 되었다가

정신 차려야지
저 좀비 놈에게 내 눈빛이 들키면 안돼
입맛 다시며 힐끗거리는 흡혈귀 저놈에게
빨려들면 안돼

다음 역은 어딜까
내려야 할 역을 지나쳐버렸다
스르르 힘 빠진 검지가 새끼 손톱만한 칩 속에
내 영혼을 저장시키고 있다

제 4부

달에 관한 기억

달에 관한 기억 1

키가 개나리 덤불만 한 꼬마가 마을회관을 등지고 걷는다. 오르막길 끝 너머에 주인 인 듯 버티고 있는 뒷산은 아침나절 멋모르고 뛰어 놀던 그곳엔, 어느 낯선 이의 무덤이 있고, 주인을 잃은 큰 개가 헐떡이며 좇아온다. 충혈 된 눈처럼, 노을마저 숨어버리면 그런 모든 것들을 덮고 구겨져있는 검고 눅진한 헌옷 더미, 꼬마는 심부름 값이 될지도 모를 거스름돈 200원과 마른오징어, 88담배가 든 검은 봉지를 크게 한 번 휘둘러본다. 헌옷더미가 움찔한 것 같은 느낌이 들 때면 담배 곽을 뜯어 향을 맡아보기도 한다.

달에 관한 기억 2

굵은 정사각 벽돌로 잇댄 급한 오르막은 짓궂은 소년처럼 종종 발을 걸었다. 혼자 길을 나선 것을 안 계집아이는 당장 일으켜줄 사람이 없음을 안다. 용케도 손에 걸려있는 꾸러미를 추슬러 다시 뒷산을 본다. 거기엔 파란 털을 하고 고양이보다 따뜻한 눈을 가진 착한 짐승이 웅크리고 앉았다. 습한 바람을 따라 고르르 고르르 숨소리가 흐른다. 그가 살펴주는 길을 따라 백열등 불빛이 새는 틈새로 춤추듯 들어갔다.

달에 관한 기억 3

개나리 덤불 너머로 쥐색 슬레이트 지붕을 볼 수 있게 된 소녀는 이제 담배심부름을 하지 않는다. 시간이 지난 언젠가에도 아프게 기억될 것 같았던 날들은 울음대신 생리통을 알게 되었고, 지금도 여전히 아프다. 파란 털을 한 동물의 눈이었던 달이 아주 먼 곳에, 이곳처럼 동그란 육지임을 알고도 그에 바랐던 소원들은 이루어지지 않았다. 더 추워진 명절 무렵의 달은, 바닷가의 모래가 눅눅한 하늘에 젖어 쓸린 것처럼 안타깝기만 하다.

달에 관한 기억 4

잡아 쥘수록 새어버리는 모래처럼 잃어버리고 싶지 않았던, 그조차 몰랐던 많은 것들에, 이제 소녀는 시간이라는 단단한 껍질을 핑계로 더 무르게 되었다. 피 묻어나는 무릎을 안고도 누구보다 먼저 일어서야 함을 깨닫는다. 감은 눈꺼풀 안으로 파란 털의 짐승이 손을 핥는 환영이 비집고 들어선다. 자몽 같은 달이 가슴에 올라앉았다. 할머니가 손을 적셔 까주시던 덜 익은 자몽은 시고 떫었는데 - 오늘, 하늘로 껑충 뛴다. 무릎이 뜨겁다.

쉰이 넘어서야 강을 보았습니다

대책 없이 밀려 밀려온 여기
세상이 잠시 숨을 죽입니다
세찬 바람이 가슴을 휘몰아 간 오후
지금은 맑고 조용합니다

노송 한 그루 내려다보이는 이곳에서
장작을 패고 따뜻하게 쌓는 일
구수한 밥 냄새에 뭉근한 기다림을 배웁니다
황망히 떠나버린 시간속의 사람들
그 사람과 사람 사이에 이정표 잃은 내가 서있고
또 다시 바람이 일렁입니다

이제 내 마음에도 성근 별이 들고
분주했던 시간들이 차례차례 줄을 섭니다
쉰 고개 넘어, 이제야 나는 강을 보았습니다
넉넉함으로 나를 푸근히 안고
느릿느릿 바다로 함께 갈 강을 만났습니다.

오래 된 기억

추석이 지났다
그가 간다
연청색 바지 하얀 셔츠 교복에
교모까지 반듯하게 각을 세우고
이슬 맺은 풀잎 밟으며

참새들 놀라 이리저리 분주히 날고
길섶에 핀 들국화 보랏빛 목소리로
울먹울먹 발길 묶는데

추녀 끝 곶감은 새들새들 말라가고
툇마루 빨랫줄 잡고 한 순간이라도 더 보려고
이리저리 애 태우며 까치발 서던 소녀
이쁜 소녀 두고
그가 간다
귀 멀은 척 눈 멀은 척
소년이 떠나간다

그가 떠난 마을엔
이제 아무도 살지 않는다
가을 한 가운데에 혼자 남겨진다는 것
밤을 잃어버린다는 것이다

긴 여정 끝
갈래 머리 땋은 소녀를
쉰이 넘은 중년의 여자가
토닥토닥 어깨를 두드린다

소금밭에서

살아있는 모든 것 흔들리는 아침
세월이 시간을 휘감아
째깍거리며 내려앉는다

농부의 낱알만큼이나 소중한 소금알갱이
햇살 부시게 아름다운 땀의 결정체
가장 낮은 곳에서 귀한 것을 올린다

마을에 해가 진다
얼굴 붉어지도록 소금밭에 뿌려지는 해
마지막 사루는 빛
욕심 증발 시키는 아픔
뽀얀 빛으로 다시 태어나
소박한 촌로의 장독대 항아리에 몸을 녹였다가
특별시 변두리 보통시민의 저녁 두리밥상에
구수한 된장국에 몸을 풀고
그릇 그릇마다 알맞은 농도로 짭짤한 마음 나누어
20W 형광등아래 옹송거리며 둘러앉은 식구들의
한 끼 건건이로 남는 일
육면체의 염분은 살아있다

드라마 마지막 회

서로의 눈빛들이 교차된다
그러나 눈을 마주치지 않는 배려
끝내 그들은 눈물을 보이지 않는다
- 그래 잃는 것 보다는 낫지
- 아프니까 사랑이다
울음 삭힌 마지막 장면을 보다가
펑,
내 눈물 둑이 터졌다

철원에서

포탄 흔적 가득한 노동당사
우리의 가슴을 닮아
옆구리를 움켜잡고 흉물로 남았다
철원 역,
늘 상상했던 마음의 전쟁터
서로가 총부리를 겨누고
눈과 눈에서 탄환이 날아들고

살아있어 반갑고 견뎌줘서 고맙던
슬픔이 사치였던 시절
바람소리 써늘한 아침
잔설은 가슴을 쪼개고
물 위에 쓴 이름 천천히 흘려보낸다
길 잃은 혼들이 흐르다, 흐르다가 고석정에 멈추고
뼈로 남은 혼들 뼈 맞추기 춤을 추며
주섬주섬 일어나
허리춤 아픈 철조망을 자르고
학이되어 훨훨 날아가고 있다.

저 작은 볼트 하나가

고장 난 라디오를 분해해서 재조립했다
말짱하게 고쳐졌다
주파수 맞출 때마다 지지직거리던 거슬림도
툭툭 튀던 음악 소리도 선명해졌다
기분 좋게 선반으로 올리려는데
어디선가 달그락,
작은 금속 소리
가느다란 내 안테나가 곤두선다
볼트 하나가 제 자리를 잃은 것이다
라디오는 전혀 이상이 없다
너무 깨끗하게 들리는 것이
오히려 마음이 상했다
움직일 때 마다 거슬리는 볼트 구르는 소리
그것 없이도 아무렇지도 않게 성능 좋은 라디오
존재감 잃은 존재감이
어느 날 갑자기 다가올 것 같은 불안한 예감
저 조그만 볼트 하나가 쿵 소리를 내며
다가오는 고요한 저녁.

인디안 서머

일흔이 넘은 그녀가 시외버스를 타고 떠났다
오늘은 꼭 그를 만나
죽기 전에 한번만이라도
뜨거운 그의 마음을 받아 오겠다고 했다.

나는,
오후 내내 그녀를 기다리며 공원을 서성이다가
해바라기 밭둑에 발목이 잡혔다
옅은 햇빛을 향해
열병閱兵 하듯 열병熱病을 앓고 있는
목이 휘어 꺾일 듯 한 자세
가을이 서둘러 앉은 자리는 바람이 차다
아직 못다 여문 잿빛의 씨앗
며칠만 더 뜨거운 볕을 기다리며
기도하듯 긴 목을 내밀고
마지막 해 바라기를 하고 있다

그녀가 돌아왔다
주저앉는 소리 털썩인다
오늘도 그를 만나지 못했나 보다
나는, 해바라기 꽃 씨앗을 눈으로 보듬으며
혼자 중얼거렸다
-기다려 보세요 가을이 깊은 것 같지만
여름보다 더 뜨거운 가을이
꿈처럼 다녀갈지도 모르는 일이지요.

그녀 안에 들인 하늘

화물트럭을 몰던 그녀의 남편이 뇌졸중으로 쓰러졌습니다. 지난 세월도 한꺼번에 무너졌습니다. 수술 끝에 살기는 살았지만 신장병까지 겹쳤습니다. 운전을 배워 남편의 트럭을 몰기 시작했습니다. 4.5톤 트럭, 서울에서 부산까지 왕복을 합니다. 시속 100Km를 달리는 트럭 속에서 남편은 하루에 네 번 투석을 합니다. 영혼의 날개를 접고 코를 곱니다. 그 소리가 들리지 않으면 그녀 안의 하늘이 무너집니다. 경부고속도로. 속도계가 기분 좋게 올라갑니다. 오늘은 운전을 한다기보다 운전대에 매달려 가는 느낌입니다. 할부로 구입한 트럭 값을 마지막으로 납부하는 날이기 때문입니다. 커브를 틀때마다 링거 팩이 몹시 흔들립니다. 상행선 마지막 간이 휴게소, 잠시 트럭을 세워 놓고 라면을 끓입니다. 환자 특유의 입맛 때문에 어쩔 수 없습니다. 새벽 3시 다시 출발합니다. 이번에는 남편이 운전대를 잡았습니다. 밤새 달려온 피로도 잊고, 남편 옆에 앉아 팔도 주물러주고 다리도 주물러주고 재잘재잘 말도 시킵니다. 어디쯤 왔을까요. 남편이 피로한 기색을 보일 무렵, 여명이 분홍색 립스틱을 풀어 한 폭의 수채화를 그립니다.

호스피스 병동에서

절실한 소원과
더 절박한 벼랑 끝에서
입안이 바싹 말라
침을 삼킬 수도 숨을 쉴 수도 없다
초침이 움직일 때마다
이승의 시간이 까맣게 지워진다
팽팽히 긴장된 공간
흰 가운의 담담의사가 황급히 다녀가고
무심히 그어 놓은 선 하나에
예고 없이 찾아오는 선택의 길

나는 병동 뜰 앞의 목련 한 송이를
그녀 가슴 속으로 밀어 넣었다.

느티나무 아래서

수십 년 깊이 뿌리 내리고
가지 무성한 그늘에는
길 잃은 날 짐승들
키 작은 도라지꽃이며 개미들까지
뜨거운 여름
큰 나무 그늘에서 제집인양 살았습니다

서늘한 바람 불어와
그늘에 살던 새들
나무를 떠나고
독버섯 붉은 포자
오롯이 내려놓고 사라져도
노을 등지고 묵묵히 앉아
밀려오는 산 그림자에
시선 떨구고 있었습니다

물기 없이 바스락거리는 몸
낙엽으로 뒹굴어도
빈손 털며 허허로운 몸으로
눈바람 맞았습니다

오늘,
청량사 오르는 길에
기도하는 당신을 보듬고 있는
빛 고운 능소화를 보았습니다
아버지.

음악회가 끝나고

마지막 곡이 끝나고
빈 객석에서
나는 다시 눈을 감고
드보르작의 교향곡 신세계 2악장을 듣는다

암담한 시간들이 스멀스멀 기어와
서낭당 밑 당나무 가지에 내려앉는다
계집아이 포플린 치마엔
찔레꽃 한웅큼 폴싹거린다

언덕배기 보리밭엔 깜부기 따는 아이들
따가운 햇볕에 입술 검게 타들어 가고
당나무 골짜기 습한 바람에
풀벌레 쉰 목소리로 울어
미나리아제비 달개비 꽃
촉촉한 가슴 흔들어 깨운다

신바람 난 늙은 무당 대나무 신대
사정없이 흔들리자
동네 아낙네들 눈빛도 흔들린다
당나무 허리에 둘러친 새끼줄엔
땅을 버리고 떠나는 것들의
애틋한 이야기가 걸리고

징,
징,
징,
징소리 둥근 파장 속으로
절박한 내 기도는
그칠 듯 그칠 듯 끝나지 않는다
신세계 교향곡 2악장처럼

매듭 풀기

빼곡히 쓰여 진 이름 위에
매듭을 푸는 작업
한솥밥을 먹으며 산다는 것
식구가 되는 일
서로의 자유를 찾기 위해
나와의 전쟁을 끝내는 일
술 술 매듭을 풀면서
기억 속 매캐한 먼지들이 실타래를 타고
날아가는 연습을 한다
시간이 상처를 보듬어 다시 새살이 돋아
심장소리 고요한 밤
내 생애 가장 어려운 숙제
나를 용서 하는 일.

해설

삶과 추억 그리고 성찰에 관한 다양한 변주곡

- 금미자 시인의 시세계

- 삶과 추억 그리고 성찰에 관한 다양한 변주곡 -

금미자 시인의 시세계

최현규 (동국대 교수·문학평론가)

4차 산업혁명의 시대에 살고 있는 현대인들에게 삶은 너무나 빠르다. 어제 최신이었던 것이 오늘은 벌써 구식이 되어 버린다. 과학기술의 발전이 인간의 의식을 지속적으로 바꾸어온 것이 역사적 사실이거니와, 현대는 그 변화속도가 너무나 빠르다. 인간이 한 변화물결에 적응하기도 전에 다음의 더 큰 변화물결이 쓰나미처럼 삽시간에 몰려와 익사시켜버리는 것이다. 과거에 배우고 익혔던 지식과 경험들을 미처 제대로 꽃피워보기도 전에 용도 폐기하는 일이 다반사이고, 알파고가 증명했듯 종국에는 기술이 인간을 대체한 디스토피아 세계가 다가올지도 모른다.

삶을 어떻게 살아야하는가는 종교가나 철학가뿐만의 번민이 아니라 인간이라면 누구나가 가지고 있는 근원적 문제일 것이다. 기술이 아무리 발전한다 해도 과연 기술이 그 해답을 제시할 수 있을까? 수십 억 년의 생물학적 유전정보가 누적되어온 인간이라는 생명체의 삶은 아무리 방대한 빅데이터를 집어넣고 슈퍼컴퓨터 수백 만 대를 연결한다 해도 결코 그 해답은 제시할 수 없을 것이다. 결국 삶은 우리 개개인 각자 고유의 해법을 찾을 수밖에 없다.

금미자 시인은 중견시인으로 담백한 시어로 삶을 고유의 방법으로 수묵화를 그리듯 이야기하고 있다. 화려한 수사기법을 의도적으로 피해, 겉치장 요란한 화장술의 달인인 시인들과는 궤를 달리한다. 시인은 기술이 지배하고 있는 시대 변화에 둔감하다. 그 대신 인간만의 사유방식과 예민한 감성으로 주위에 흔히 보는 사물들과 인간들을 관찰하고는 아무렇지도 않게 툭하고 한 방울 내면에서 솟구치는 애잔한 감정을 드러내 보인다. 독자의 가슴에 작은 파문을 그려놓고는 마치 아무 일도 없다는 듯 휙 하니 사라진다. 감정이 넘치지 않는, 이른바 절제의 미학이다. 우선 <부천역> 연작시 중 몇 편을 보자.

자유시장 어귀에서 만난 할머니의 마른 손에는
밀가루 한 봉지와 몇 줄기의 파와 애호박 한 개
- 오늘 저녁엔 수제비나 떠 먹을라구

핏기 없는 얼굴엔 골이 깊다
어미 치맛자락에서 놀던 오남매는 여적 소식이 없고

할머니 굽은 등을 돌아 나온 꽃샘바람이
내 가슴을 휘돌아 나갔다

<부천역 36> 전문

습관처럼 여자가 맥주를 건넨다. 술을 잘 못하는 내가 연거푸 두 잔을 마셨다. 지구는 둥글다. 지구는 돈다는 것을 처음으로 체험하며 어지럼증에 그 여자 옆으로 미끄러졌다. 일곱 살 때 꽃상여 타고 간 엄마, 그 여자에게서 내 엄마의 냄새가 난다. 그리워서 환장할 것 같은 코티 분 향기, 밖으로 뛰쳐나왔다.

장맛비는 여전히 내리고 있었다.

<부천역 38> 부분

계단에서도, 식품코너에서도, 늘 초점 잃은 눈으로 누군가에게 말을 건넨다. 사람들은 그녀를 모른 척 피해 다닌다. 어쩌나, 오늘 퇴근길 그녀의 눈과 마주쳤다. 온갖 빨간 원색의 욕설이 대형마트와 역사驛舍 구석구석 오물이 되어 뒹굴었다. 충혈 된 그녀의 눈과 맞서는 순간, 내 눈에서 붉은 눈물이 흘러내렸다. 오늘, 뒤엉긴 가슴 열어 처연한 이름 하나 저장한다.
'레드 맘' 그녀의 이름이다.

<부천역 39> 부분

<부천역> 연작시는 1930년대 청계천변을 중심으로 모여 사는 민초들의 삶을 묘사한 박태원의 세태소설『천변풍경』을 떠올리게 한다. 시인의 이 연작시 역시 마찬가지로 부천역 주변의 장삼이사 인생들의 다양한 모습들과 거리 풍경들을 스케치하듯 묘사하고 있다. 다만 다른 점이 있다면 연작시에서는 민초들만 아니라 시인 자신의 내밀한 모습들을 드문드문 슬쩍 내비친다는 점일 것이다.

<부천역 36>에서 보이는 할머니는 필시 가난한 독거노인일 터이다. 연락조차 없는 자식들을 둘 수밖에 없었던 할머니의 굽은 등에 시인은 직접 연민어린 시선을 보내 자신의 감정을 드러내는 대신 '꽃샘바람'이란 시어를 통해 독자들에게 할머니의 핍진한 삶의 슬픔을 조용히 전달한다.

<부천역 38>에서 시인은 평상시 궁금하던 단란주점의 내부에 들어가 보는 상황을 그리고 있다. 그런데 상황은 예상과는 전혀 다르게 진행되고 만다. 술집여자의 코티 분 냄새가 굳게 닫힌 감옥문과도 같았던, 기억의 빗장을 풀어버려 '일곱 살 때 꽃상여 타고 간 엄마'를 불러낸 것이다. 그러나 시인은 밖으로 뛰쳐나올 뿐, 더 이상의 감정을 언급하지 않는다. 그러나 그럼으로써 사실 독자들에게 나머지 여백을 다양한 상상과 감정으로 채워 넣을 수 있게 하는 것이다. 장맛비는 시어의 이미저리 측면에서 당연히 시인의 가슴에서 흘러내리는 눈물을 상징하고 있다.

<부천역 39>는 부천역 근처를 배회하며 살아가고 있는 광녀(狂女)와 마주치는 이야기이다. 이유는 알 수 없지만 온몸을 빨간색으로 치장하고 다니는 그녀와 마주치는 순간 온갖 욕설을 듣게 된다는 설정이다. 그런데 시인은 그녀에게 '레드 맘'이라는 이름을 지어 가슴 속에 저장한다. 이는 비록 광녀이긴 하지만 인간으로서의 가치를 인정하는 존재론적인 인식을 보여주는 것이다. 사물이건 인간이건 이름이 있어야 비로소 한 개체로서의 독립성을 가진 존재가 된다. 물론 레드 맘에게 본래 이름이 있을 터이나, 광인이 된 이후 만난 사람들은 아마도 그녀의 이름을 알기는 어려웠으리라. 그런 그녀에게 특징과 연관지어 이름을 붙여주는 행위는 그녀의 아픔을 이해하고, 동등한 인격으로 대우하는 시인의 인격적 자질을 보여준다.

이런 선한 시인의 심성을 나타내주는 또 하나의 시가 있다.

저녁 샤워를 끝내고 욕실을 나오는 순간
미세한 소리와 눈이 마주쳤다
문을 닫고 스프레이 모기약을 찾아 다시 욕실로 들어갔다
어디로 갔을까
천장에 매달려 있었는데, 금세 보이지 않았다
마구잡이로 모기약을 뿌려놓고 화장실 문을 꼭 닫았다
(중략)

2차 대전, 아우슈비츠
가스실의 숨죽인 아우성과
그들의 절박한 눈빛이
감은 눈 사이로 클로즈업 되었다가 사라진다
문 안의 고요가 두렵다
어둠이 조용조용 다가와 불면을 지키고
벽시계 소리 굉음되어 심장을 짓눌러
손끝하나 움직일 수 없다
가스실에서 죽어가던 소녀의 눈물과
젖을 물린 채 심장이 멎은 아이 엄마의
느릿한 손이 가위눌린 나를 흔들었다

옥죄이던 몇 분 동안의 문 밖의 정적이
욕실 문을 열었다
순간
까만 점의 물체가 문 밖으로 비상하는 소리에
안도의 한숨이
모기 소리처럼 새어나왔다

<정적의 끝에는 흔들림이 있다>

모기는 인간에게 성가시고 귀찮기만 한 존재이다. 일단 물리면 가렵기도 하거니와 뇌염 등의 질병에 걸릴 수도 있다. 욕실에 들어온 모기에 공포를 느낀 시인은 즉시 스프레이 모기약을 뿌려놓고는 문을 닫는다. 그러나 시인에게 있어 욕실에 갇힌 모기는 금세 아우슈비츠 가스실에서 죽어간 소녀의 생명과 등치된다. 엄

청난 생명성의 확장이다. 따져보면 모든 생물 각자의 입장에서는 자신의 생명이 가장 소중한 법이다. 인간의 경우 의식이 성장함에 따라 그 범위가 점차 늘어난다. 자신만을 위하는 삶에서 가족으로, 친척으로 나아가 사회로 마침내 온 우주로 생명성이 확장되는 것이다. 생명에 대한 경외는 바로 여기에서 출발한다. 성인들이란 바로 이런 생명에 대한 인식이 무한대로 확장된 사람을 일컫는 것일 게다.

시인은 모기로 인해 공포에 젖었다가 전혀 새로운 공포에 직면한다. 이번엔 반대로 모기의 생명을 빼앗지 않을까하는, 처음과는 차원을 달리한 공포이다. 인간을 어떻게 모기와 비교하느냐는 따위의 질문은 의식의 차원에서 볼 때는 몽매한 것이다. 시인의 의식수준을 가늠할 수 있다.

이번 시집에서 보여준 특징 중 또 하나는 시인의 어린 시절에 얽힌 추억담이 많다는 것이다. 특히 <만찬> 연작시가 그러하다.

암탉이 울 때마다 모아두었던 계란을 깨트려
부추 송송 다져넣은 야들야들한 계란찜
둠벙둠벙 썬 오이에 고춧가루와
부추 양념으로 버무린 싱싱한 오이무침
풋고추 다져 고명을 얹고 중탕으로 찐 자반고등어
윤기 흐르는 쌀밥에 시원한 미역국

오늘따라 유난히 봉긋한 밥그릇
한 숟갈씩 떠서 식구들의 그릇에 나눈다
피를 나누는 무언의 의식이다

<만찬2> 일부

소리가 덜 나는 빨간색 뿔 바가지를 들고 친구들이 나가고, 나는 내일 아침 깐깐히 추궁하는 엄마의 얼굴이 그려지는데, 바가지에 넘치도록 담아온 김장김치. 숙이네 아랫목에 묻어둔 쌀알 듬성듬성 섞인 보리밥에 손으로 쭉쭉 김치를 찢어 걸쳐먹는 이 꿀맛 같은 겨울밤. 구멍 난 창호지 문밖엔 사그락 사그락 싸락눈이 내리고 담장 밑 숨어있던 바람 댓돌 위에 올라와 문고리를 흔든다. 겨울이 주는 아슬아슬한 만찬이다.

<만찬7> 일부

속살 드러난 다슬기, 반쯤은 국솥에 몸을 풀고 나머지는 새콤달콤 양념으로 무친다. 걸쭉한 천렵 국에 갓 지은 하얀 쌀밥 한 주걱을 푼다. 올망졸망 바위에 앉아 피라미 떼 간질이는 물에 발을 담그고, 첫 숟갈을 떠서 냇물에게 먹인다. 속살거리며 몰려드는 송사리 떼와 함께하는 황홀한 밥상, 막걸리 한 순배씩 돌아가면 노란 양은 주전자엔 울퉁불퉁 즐거운 상처가 남는다.

<만찬3> 일부

<만찬> 연작시에서 시인은 모처럼 신이 난 듯 어린 시절의 이야기를 음식을 밑바탕에 깔고 질펀하게 쏟아 놓는다. <만찬2>는 열여섯 살 생일에 먹던 만찬이며, <만찬3>은 숙이네 안방에서 친구들끼리 화투를 쳐 '김

장 훔쳐오기' 내기를 한 뒤에 함께 하는 만찬이다. <만찬4>는 장마가 끝난 뒤 마을 처녀 총각들이 모여 냇가에서 다슬기를 잡고 들판의 갖가지 야채들과 함께 가마솥에 넣어 즉석에서 끓여먹는 청춘의 만찬이다.

모든 것이 풍요로운 오늘날에 비하자면 결코 화려하지도 넉넉하지도 않은 투박한 지난한 삶이었건만, 삶의 진정한 행복과 질은 물질에 있지만은 않다는 것을 보여주고 있다. 인간관계가 즉물적이고 계산적이기 십상인 요즘 음식의 종류에 상관없이 기쁨이 넘치는 만찬을 나눌 사람이 적은 세태를 풍자하는 듯도 하다. 삶이란 때로는 추억 그 자체가 친구가 될 수도 있다. 즐거웠던, 신났던, 행복했던 어린 시절의 기억들 하나하나가 재산이고 보물이다. 그런 경험을 많이 한 사람일수록 시련이 닥쳐오더라도 극복할 가능성이 높다는 연구결과도 있다. 여성 특유의 요리에 관한 묘사 또한 정밀해서 독자로 하여금 입에 저절로 침이 고이게 한다.

시인의 이번 시집 중 마지막 특징은 바로 자아 성찰이다. 성찰이란 스스로를 되돌아보며 살피는 일이다. 시인은 수많은 갈등을 외부로 돌리지 않고 내부를 살핌으로서, 문제의 근원적 해결에 다가선다.

핑크빛 코트에 진흙이 묻었다
급한 마음에 문질러 닦았다

흙물은 더욱 넓게 자리하고
주위까지 번졌다
손수건으로 비벼봤지만
손수건까지 흙물이 배어들었다
기다리자
기다리다가 흙물이 마르면
손으로 살살 비비고 툭툭 털어내면
깨끗이 없어질 것을

어제,
뒷모습 흔들리며 떠난 인연도
그렇게 하면 될 것을.

<인연 다스리기 1> 전문

<인연 다스리기> 연작시들은 제목에서 보듯 대체적으로 인간관계에서 일어나는 만남과 헤어짐에 관한 내적 성찰이다. 특히 <인연 다스리기 1>은 참 간결하고도 메시지가 분명한 시이다. 진흙으로 상징되는 관계에서의 불화는 참으로 견디기 힘든 것이다. 괜히 섣불리 봉합하려다가 더욱 더 좋지 않은 상황으로 변질됨을 누구나 경험했을 것이다. 시인은 절묘한 비유로 시간이 흐르는 것만이 해결책이라고 말하고 있는 것이다. 아포리즘적 성격이 강한 시이다.

빼곡히 쓰여 진 이름 위에
매듭을 푸는 작업

한솥밥을 먹으며 산다는 것
식구가 되는 일
서로의 자유를 찾기 위해
나와의 전쟁을 끝내는 일
술 술 매듭을 풀면서
기억 속 매캐한 먼지들이 실타래를 타고
날아가는 연습을 한다
시간이 상처를 보듬어 다시 새살이 돋아
심장소리 고요한 밤
내 생애 가장 어려운 숙제
나를 용서 하는 일.

<매듭 풀기> 전문

지도는 실제 영토와 다르다는 말이 있다. 내가 진실이라고 생각하고 있는 일이 실제와는 다르다는 말이다. 우리는 어떤 일이든 자신만의 필터링으로 인식하여 해석한다. 물론 누구나 그렇기에 그 자체가 잘못이랄 수는 없다. 그러나 그것을 자신만의 잣대로 판단하고 그것만이 진실이라고 착각하는 것이 문제이다. <매듭 풀기>에서 시인은 식구들 간의 갈등이 자신으로부터 즉 절대적이라 믿었던 주관적 확신으로부터 비롯되었음을 통찰하고 있다. '서로의 자유를 찾기 위해 / 나와의 전쟁을 끝내는 일'에서 시인은 자신만의 판단이 절대적 잣대가 아니라는 것을 인식하고 있음을 보여준다. 그동안의 갈등을 야기한 자신을 용서하기가 쉽지 않다

는 시인의 고백이 참으로 솔직하다.

금미자 시인의 이번 신작 시들은 부천역 주변의 소소한 스케치부터 일상적인 삶의 편린에 대한 이야기, 소박했던 그러나 참으로 아름다웠던 옛시절에 대한 추억담, 생활에서 겪은 경험을 토대로 한 진실한 내적성찰에 이르기까지 다양한 스펙트럼을 보여주고 있다. 그것은 때로는 처연함 또는 애잔함으로 다가오기도 하지만, 때로는 감성을 뛰어넘는 깊은 울림으로 다가온다. 진실한 삶의 태도에서 기인되는 시이기 때문에 가능한 것일 게다.

금미자 시집
정적의 끝에는 흔들림이 있다
초판인쇄 | 2017년 9월 20일
초판발행 | 2017년 9월 25일

지 은 이 | 금미자
펴 낸 이 | 김선희
만 든 이 | 김인희
펴 낸 곳 | 산과들

도서출판 **산과들**
경기도 부천시 원미구 중동로248번길 86 (중동) 706호
대표전화 010 · 6270 · 5557
pcadmac@chol.com
ISBN 89-90918-58-8-03810
값 12,000원